딩동~
벌레잡이식물 도감

딩동~
벌레잡이식물 도감

초판 1쇄 발행일 2026년 1월 15일

엮은이 이원중
감 수 심현보
펴낸이 이원중

펴낸곳 지성사
출판등록일 1993년 12월 9일 **등록번호** 제10-916호
주소 (03458) 서울시 은평구 진흥로 68, 2층
전화 (02) 335-5494 **팩스** (02) 335-5496
홈페이지 www.jisungsa.co.kr **이메일** jisungsa@hanmail.net

ISBN 978-89-7889-569-9 (76480)

잘못된 책은 바꾸어드립니다. 책값은 뒤표지에 있습니다.

⚠ 주의 사항 : 책장에 손을 베이지 않게, 책 모서리에 다치지 않게 주의하세요.

띠용~ 벌레잡이식물 도감

이원중 엮음 · 심현보 감수

지성사

'딩동~ 벌레잡이식물 도감'을 펼치기 전에

부모님이 참고하여 아이들에게 들려주는 벌레잡이식물에 관한 기본 정보입니다.

이 책은 글을 알아도, 또는 몰라도 볼 수 있게 꾸민 도감입니다. 아이를 키운다는 것은 하나씩 벽돌을 쌓아서 집을 완성하는 것과 같습니다. 벽돌을 쌓을 때 일정한 높이 이상은 쌓지 않습니다. 하루에 쌓는 높이가 있고, 이것이 단단하게 굳었을 때 그 위에 쌓기를 반복해서 튼튼한 집을 완성하게 되는 것입니다.

아이의 교육에는 지름길이 없습니다. 벽돌을 쌓듯이 하나하나 정성을 다하는 방법밖에 없으며, 이 하나하나의 과정을 거쳐 아이가 직접 읽고 생각하고 마침내 '기획력'을 가지는 것이 그 완성이라 할 수 있겠습니다. 이런 과정에서 읽기는 매우 중요하고, 아이가 읽기에 관심을 가지려면 먼저 아이의 관심이 충족되어야 합니다.

아이가 궁금해서 책을 펼쳐 보고 각 개체의 생김새부터 시작해서 특징을 찾는 과정 그리고 궁금증을 풀어 가는 과정에서 아이는 스스로 정보를 취득하는 방법을 깨닫게 되고, 이를 가공하는 방법을 자연스레 터득하게 됩니다. 이것이 바로 〈딩동~ 시리즈〉의 목표입니다.

이 책은 어른들이 아이를 조급하게 가르치는 책이 아니라, 아이가 먼저 개체의 특징을 찾을 수 있게 유도하면서 혼자 보게 하는 것이 첫 번째 단계입니다. 아이가 도움을 청하면 그때 같이 읽어 가면서 정보를 전달하거나 함께 이야기를 나누는 것이 두 번째 단계입니다. 세 번째 단계는 아이에게 각 개체의 이름 짓기를 권해 보는 것입니다. 이름 짓기는 각 개체의 특징을 아이의 시각에서 표현하는 것이고, 누구나 공감하고 다른 개체와 구별할 수 있게 하는 것으로써 이 놀이를 통해 아이의 관찰력을 키우는 것이 최종 목표이기도 합니다. 그리고 이런 과정이 진정한 공부이기도 합니다.

여기서 소개하는 벌레잡이식물에는 아직 학계에서 정확하게 우리말로 정리하지 못한 이름들이 제법 많습니다. 쉽게 이해할 수 있게 우리말로 고쳐 쓴 식물도 있고, 학명을 그대로 옮긴 식물도 있습니다. 발음이 어렵지만 학명을 그대로 적은 이유는 나중에 발생할 수 있는 혼동을 피하기 위해서입니다.

학명이 바뀌는 경우가 종종 있지만 학명은 세계 공통으로 쓰이는 공식적인 이름이므로 아이가 관심을 가졌으면 하는 바람에서 적었습니다.

학명은 학술적으로 붙이는 이름으로, 생물의 분류 체계(계>문>강>목>과>속>종)에서 속명과 종명을 기울어진 글자체인 이탤릭체로 표기합니다. 속명의 첫 글자는 대문자, 종명은 모두 소문자로 표기하는 것이 원칙이며, 보통 라틴어나 라틴어화한 단어를 사용합니다.

그리고 벌레잡이식물은 아니지만 '신기한 식물' 몇 종을 추가했습니다.
세상에는 다양한 식물도 있음을 보여 주면서 아이가 관심의 폭을 넓혀 가길 바라는 뜻에서입니다.

벌레잡이식물이란?

이름 그대로 곤충이나 작은 동물(쥐나 새)을 잡아먹고 소화하여 영양분을 얻는 육식성 식물로 '식충식물'이라고도 합니다. 보통 식물처럼 꽃을 피우고 열매를 맺고 광합성을 하지만, 주로 영양분이 부족한 습지나 암벽 그리고 거칠고 메마른 땅에서 살아남으려고 벌레잡이를 선택한 이 식물은 남극 대륙을 제외한 모든 대륙과 태평양 섬에서 발견된다고 합니다. 벌레잡이식물은 전 세계적으로 약 800여 종이 있다고 합니다. 하지만 2020년 평가에 따르면 약 4분의 1이 멸종위기에 놓여 있답니다.

벌레잡이식물은 어떻게 먹잇감을 잡을까요?

파리지옥: 덫 모양으로 생긴 잎 안쪽에 감각털이 있습니다. 곤충이 이 감각털을 한 번 건드린 후 20초가 지나기 전에 다시 건드리면 순식간에 잎 가장자리의 뾰족한 가시들이 맞물려 곤충이 탈출하지 못하게 잎을 닫아 잡습니다.

벌레먹이말: 물속에서 뿌리 없이 물 위로 줄기를 길게 뻗으며 자랍니다. 잎 6~8장이 돌려나기하며, 잎을 여닫으면서 벌레를 잡습니다.

끈끈이주걱 주걱처럼 생긴 잎이나 가장자리에 끈끈한 점액이 이슬처럼 맺힌 샘털(선모)이 있습니다. 달콤한 향기에 이끌려 곤충이 이 점액에 닿으면 잎을 돌돌 말아 곤충을 사로잡습니다.

벌레잡이통풀: '네펜데스(*Nepenthes*)'라고도 합니다. 덩굴손 끝에 달린 주머니 모양의 잎으로 곤충을 잡습니다. 주머니 입술 주변에 꿀샘이 있어 곤충을 끌어들이고, 입구가 미끄러워 곤충이 발을 디디면 주머니 속으로 떨어지고 맙니다. 주머니 덮개는 주머니 속으로 비가 들어오는 것을 막는 역할을 합니다.

헬리암포라(*Heliamphora*): '늪주머니식물'이라고도 합니다. 줄기가 없으며, 관 모양의 잎이 둥그렇게 모여 납니다. 잎끝에 숟가락 모양의 꿀주머니에서 꿀을 내보내 곤충을 끌어들여 사로잡습니다. 잎 안쪽에는 가느다란 털이 아래쪽으로 향해 있어 곤충이 잎 밖으로 빠져나갈 수 없답니다.

사라세니아(*Sarracenia*): 주로 북아메리카에서 자라며, 헬리암포라와 마찬가지로 줄기가 없이 잎이 항아리나 기다란 관 모양으로 모여 납니다. 잎의 색깔과 무늬, 꿀 등으로 곤충을 끌어들입니다.

벌레잡이제비꽃(*Pinguicula*): 꽃이 제비꽃과 비슷하게 생겼답니다. 잎이 단단하고 도톰한 다육질로 밝은 녹색이나 분홍색을 띱니다. 잎 표면에 끈적끈적한 액체가 있어 작은 곤충을 끌어들여 사로잡습니다.

통발: 물고기를 잡는 통발에 빗댄 이름입니다. 속이 빈 벌레잡이 주머니에 긴 털이 있으며, 물벼룩이나 물속 곤충이 이 털을 건드리면 주머니 문이 열리면서 물과 함께 빨려 들어갑니다.

■ 식물 길이 표현

* 네 살 어린이 키: 현재 네 살 어린이의 평균 키는 100센티미터 내외라고 합니다.
* 아파트 2층 높이: 보통 4~6미터로 네펜데스 스마일시 키를 가리킵니다.
* 아파트 3~4층 높이: 카카오나무의 6~12미터 키를 말합니다.

차례

벌레잡이식물을 만나요!

신기한 식물들을 소개해요~~

“ **벌레잡이식물**은 벌레를 잡아먹는 식물이에요.

대부분 물이 많은 축축한 땅(습지)이거나 반대로

아주 메마른 바위투성이 지역에서 살지요.

다른 식물들은 살기 어려운 곳이지만 벌레잡이식물만의 살아남는 지혜가 있대요.

물이 많거나 쉽게 빠져나가는 곳은

식물이 사는 데 필요한 영양소가 씻겨 나가거나 없기 때문에

꼭 필요한 영양분을 벌레잡이 활동으로 얻는다고 해요. ”

벌레잡이식물을 만나요!

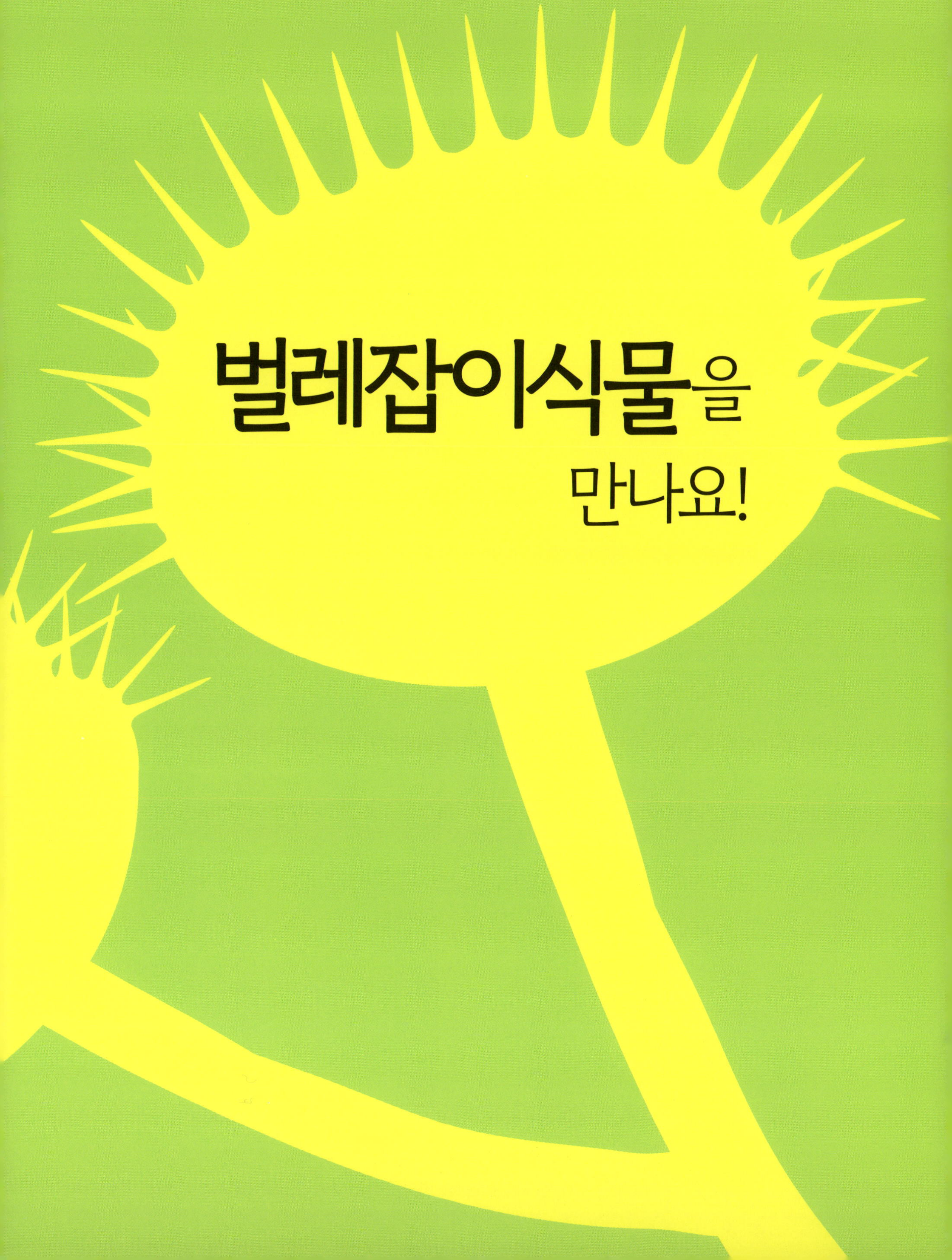

파리지옥 Venus flytrap / *Dionaea muscipula*

멸종 위기종

미국 동부 지역의 해안에서 자라요.
주로 파리를 비롯한 곤충이나 거미를 잡아먹지요.
잎 안쪽의 예민한 감각털을 두 번 건드려야 잎을 오므려요.
먹잇감이 없으면 오랜 시간 동안 입을 열지 않아요.
여러 품종이 있지만 자연에서는 매우 빠르게 줄어들고 있대요.

▶ 잎 안 쪽의 감각털을
톡톡 두 번 건드려야 잎을 오므려요.

▼ 뾰족한 가시들이 파리가
빠져나가지 못하게 꽉 오므렸어요!

벌레먹이말 *Aldrovanda vesiculosa*

멸종 위기종

'벌레 먹는 물풀'이라는 뜻이에요.
뿌리 없이 물 위로 줄기를 뻗으면서 자라지요.
파리지옥처럼 잎을 여닫으면서 물에 사는 작은 벌레를 사로잡아요.
벌레잡이식물을 좋아하는 사람들에게 인기가 많지만,
자연에서는 점점 사라지고 있대요.

드로세라 케넬리 *Drosera kenneallyi*

드로세라는 '끈끈이주걱'이라는 뜻이에요.
이 식물을 처음 찾은 식물학자의 이름을 따서
'케넬리끈끈이주걱'이라고도 해요.
땅에 붙어서 자라며, 잎자루 끝의 잎은 둥근 모양이지요.
호주 서북부의 킴벌리 지역에서만 볼 수 있어요.

끈끈이주걱 *Drosera rotundifolia*

끈끈이주걱 무리에는 적어도 194종이 있다고 해요.
이 끈끈이주걱은 '둥근잎끈끈이주걱'이라고도 해요.
물기가 많은 축축한 땅에서 자라지요.
우리나라를 비롯해 세계에서 가장 많이 보이는 친구예요.

주걱 모양으로 생긴 잎을
둘러싼 기다란 샘털에서
잎 위로 끈끈한 액체를 내보내
곤충을 끌어들여 사로잡지요.

긴잎끈끈이주걱 *Drosera anglica*

똑바로 선 잎이 길쭉하게 생겨서 붙인 이름이에요.
'영국끈끈이주걱'이라고도 하지요.
끈적끈적한 액체를 내보내
주로 파리처럼 작은 곤충을 사로잡지만,
날개가 더 긴 잠자리 같은 곤충도 잡아요.

▲파리보다 날개가 더 긴
잠자리도 꼼짝 못 해요.
▼(오른쪽) 크기가 어른 손보다 훨씬 작네요.
(왼쪽) 흰색 꽃

드로세라 카펜시스 *Drosera capensis*

남아프리카공화국이 고향이며, 크고 화려한 편이에요.
사로잡은 곤충을 잎으로 말아 빠져나가지 못하게 해요.
꽃이 잘 피고, 키우기 쉬워 오래전부터
유럽에서 키우기 시작해 세계 곳곳에서 키우지요.

▲꽃잎은 옅은 보라색이지만,
짙은 보라색이나 흰색 꽃잎도 보여요.

◀흰색 털로 덮여 있는 꽃자루에
꽃이 차례로 피어나요.

▼강 주변에서 무리 지어 자라요.

드로세라 인디카 *Drosera indica*

'인도끈끈이주걱'이라고도 해요.
잎은 가늘고 긴 모양이며,
누런빛을 띤 초록색에서
붉은빛을 띤 갈색까지 여러 색을 띠지요.

▲처음 줄기가 나올 때는 곧지만,
자랄수록 비스듬히 뻗어요.
▼꽃잎은 분홍색, 흰색,
주황색, 보라색을 띠지요.

포르투갈끈끈이주걱
Drosophyllum lusitanicum

잎이 솔잎처럼 가늘고 기다랗지요.
달콤한 향기로 곤충을 끌어들이고,
잎자루에서 나오는 끈끈한 액체로 사로잡아요.
포르투갈, 스페인 남서부, 모로코 북부에서 볼 수 있어요.

▲메마른 자갈밭에서 무리 지어 자라요.
▼어린 잎은 바깥쪽으로 둥그렇게 말려요.

"벌레잡이통풀(네펜데스)은 약 170종이 있으며, 네펜데스는 '슬픔을 잊는다'는 뜻이래요.

주머니잎이 관 모양이라 '통풀'이라고 하지요.

대부분 더운 지방에서 볼 수 있으며, 줄기로 다른 식물을 휘감거나 달라붙어서 자라는 덩굴식물이에요.

'원숭이컵'이라고도 하는데, 원숭이들이 식물에 고인 빗물을 마신다고 생각해서 붙인 이름이래요.

인도네시아, 말레이시아, 필리핀을 비롯해 중국 남부와 마다가스카르, 세이셸,
남쪽으로는 호주와 뉴칼레도니아, 북쪽으로는 인도와 스리랑카에서 자라지요.

벌레잡이통풀은 자라면서 잎끝이 주머니 모양으로 바뀌는 것이 특징이에요.

땅에 엎드려 자랄 때는 잎끝에 통통한 아랫주머니가 생기고, 점점 자라면서 키가 커지면
잎 한가운데 있는 가장 굵은 잎맥(주맥)이 덩굴손으로 길게 뻗고 그 끝에 날렵한 윗주머니가 생기지요.

윗주머니와 아랫주머니의 생김새가 같은 친구도 있어요.

화려한 색과 무늬를 띤 입술을 닮은 주머니 입구 둘레에는 달콤한 꿀샘이 있어 먹이를 끌어들여요.

주머니잎에 들어온 먹이는 주머니잎 안쪽이 미끄러워 빠져나가지 못하고,
식물이 만든 액체(소화액) 속으로 빠져 죽지요.

잎 위의 뚜껑은 비가 올 때 잎 속에 있는 액체에 물이 들어가는 것을 막아 주어요.

잎 아랫면에 먹이를 끌어들이는 꿀샘이 있는 친구도 있어요.

먹이는 보통 곤충이지만, 큰 벌레잡이풀은 때때로 작은 개구리, 새 따위도 잡지요."

네펜데스 디스틸라토리아

Nepenthes distillatoria 멸종 위기종

스리랑카에서 자라는 벌레잡이통풀이에요.

스리랑카에서만 볼 수 있지요.

윗주머니 잎맥이 뚜렷해요.

잎맥이란 물과 양분이 오가는 통로예요.

네펜데스 미라빌리스 *Nepenthes mirabilis*

미라빌리스는 '멋지다'라는 뜻이에요.
벌레잡이통풀 중 가장 널리 퍼져 자라지요.
이 친구에서 비롯된 벌레잡이통풀 무리가 가장 많대요.
덩굴손 끝에 윗주머니가 달렸어요.

▶아랫주머니가 둥글고,
붉은색을 띤 종류도 있어요.

▼베트남에서는 주머니잎에
쌀을 넣어 밥을 짓기도 해요.

네펜데스 마다가스카리엔시스

Nepenthes madagascariensis

아프리카의 섬나라 마다가스카르에서 자라는
두 종류의 벌레잡이통풀 중 하나예요.
주머니잎은 붉은색과 노란색이며, 노란색을 띤 주머니잎이 더 크지요.
마다가스카르 사람들은 주머니잎을 꺾으면
비가 온다고 믿어 함부로 꺾지 않는다고 해요.

네펜데스 토바이카 *Nepenthes tobaica*

인도네시아 수마트라섬에서만 볼 수 있어요.
토바 호수 주변에 많이 자라서 붙인 이름이지요.
토바 호수는 인도네시아에서 가장 큰 호수이자
세계에서 가장 큰 화산 호수래요.

네펜데스 스마일시 *Nepenthes smilesii*

'스마일시'는 이 식물을 처음으로 발견한 사람의 이름이에요.
태국 북동부, 라오스 남부, 캄보디아, 베트남에서 자라며,
비가 적게 내리고 메마른 때에도 잘 견디지요.
탁 트인 모래 풀밭에서 가장 흔하게 보이는
덩굴식물로 아파트 2층 높이만큼 자란다고 해요.

네펜데스 카시아나 *Nepenthes khasiana*

멸종 위기종

이 식물이 자라는 인도 북동부에 있는
카시힐스의 이름에서 따왔어요.
인도에서 자라는 오직 하나뿐인 벌레잡이통풀이지요.
지금은 사라질 위험에 놓여 있대요.

네펜데스 알보마르기나타

Nepenthes albomarginata

알보마르기나타는 '흰색'과 '가장자리'를 뜻해요.
이 식물의 특징인 흰색 털 띠를 가리키지요.
주머니잎 입구 가장자리에 빽빽하게 덮인 흰 털은
흰개미의 먹이이자 미끼예요.

▲주머니잎 색이 달라도 모두 흰색 털 띠가 있어요.
▼흰개미가 이 털을 뜯어먹으려고 올라와서는
주머니잎 안으로 떨어져요.
흰색 털 띠가 사라지면 흰개미가 관심을 보이지 않아요.

네펜데스 봉소 *Nepenthes bongso*

인도네시아 수마트라섬에서만 볼 수 있어요.
봉소는 수마트라섬에서 가장 활발한 화산인
마라피산의 수호신 이름에서 따왔어요.
한라산처럼 아주 높은 곳에서 자란다고 해요.

네펜데스 맥팔라네이 *Nepenthes macfarlanei*

식물학자 맥팔레인의 이름에서 따왔어요.
말레이시아반도에서만 볼 수 있지요.
주머니잎에 붉은색 점들이 뚜렷해요.

네펜데스 이네르미스 *Nepenthes inermis*

이네르미스는 '비무장'을 뜻해요.
비무장은 군대나 경찰이 무기 따위를 갖추지 않은 상태를 말하지요.
여느 벌레잡이통풀과는 달리 윗주머니에 뚜껑이 없어요.
인도네시아의 수마트라섬에서만 볼 수 있지요.

네펜데스 파니쿨라타 *Nepenthes paniculata*

멸종 위기종

세계에서 두 번째로 큰 섬인 뉴기니의
아주 높은 산에서만 볼 수 있대요.
몇 해 전, 산등성이 이끼 숲에서 발견되었다고 하지요.
지금은 사라질 위험에 놓여 있어요.

네펜데스 라자 *Nepenthes rajah*

멸종 위기종

라자는 '왕'이라는 뜻이에요.
말레이시아 보르네오섬의 아주 높은 곳에서만 자라요.
항아리 모양의 커다란 주머니잎이 특징이지요.
가끔 쥐나 개구리도 잡히지만, 개미들이 주로 잡혀요.
지금은 사라질 위험에 놓여 있지요.

▲덩굴손이 길게 뻗은 윗주머니

▶가끔 쥐도 잡히지만, 때때로 개구리,
도마뱀부터 새까지 끌어들인다고 해요.

네펜데스 로위 *Nepenthes lowii*

멸종 위기종

이 식물을 처음 발견한 학자의 이름에서 따왔어요.
인도네시아의 보르네오섬에서만 볼 수 있지요.
여느 벌레잡이통풀과는 달리 윗주머니 생김새가 독특해요.
윗주머니 가운데가 잘록하다가 입 쪽으로 갈수록 넓어지거든요.

네펜데스 메릴리아나 *Nepenthes merrilliana*

멸종 위기종

메릴리아나는 필리핀에서 오랫동안 식물을 연구한
미국의 식물학자를 기리기 위해 붙인 이름이에요.
필리핀에서만 볼 수 있으며,
비탈진 해안 숲에서 자란다고 해요.
지금은 사라질 위험에 놓여 있대요.

네펜데스 암풀라리아 *Nepenthes ampullaria*

암풀라리아는 '단지(목이 짧고 배가 볼록한 작은 항아리)'라는 뜻이에요.
인도네시아의 보르네오와 수마트라섬, 말루쿠 제도, 뉴기니,
말레이시아반도, 싱가포르와 태국에서 볼 수 있지요.
보통 벌레잡이통풀과는 다르게 벌레를 먹지 않고
떨어진 나뭇잎에서 영양분을 빨아들여요.

주머니잎 색이
붉은색을 띠기도 해요.

헬리암포라 누탄스 *Heliamphora nutans*

헬리암포라는 '늪주머니식물'이라는 뜻이에요.
기다란 관 모양의 주머니잎이 특징이지요.
뚜껑이 없는 잎 위에 톡 튀어나온 꿀샘에서
달콤한 액체가 흘러나와 곤충을 끌어들여 가두어요.
누탄스는 '고개를 끄덕이다'라는 뜻이지요.

▲주머니잎은 보통 초록색이지만,
붉은색으로 바뀌기도 해요.
▼잎 위에 튀어나온 꿀샘이 마치 고개를 숙인 듯해요.
오른쪽으로 붉은색 꽃도 보이네요.

헬리암포라 미노르 *Heliamphora minor*

헬리암포라 중에서 가장 작아요.
미노르는 '작다'라는 뜻이지요.
크기는 작아도 꿀샘이 제법 커요.
자연에서는 베네수엘라에서만 볼 수 있지만
온실이나 작은 유리상자 정원에서 키우기도 해요.

▲불빛이나 햇빛이 강하면 붉은색을 띠어요.
▼헬리암포라 미노르처럼 키가 작은 헬리암포라 풀켈라(*Heliamphora pulchella*)예요. 풀켈라는 '예쁘다'라는 뜻이지요.

사라세니아 오레오필라 *Sarracenia oreophila*

멸종 위기종

북아메리카에서만 볼 수 있는 사라세니아는
이 식물을 처음 소개한 학자의 이름에서 따왔어요.
기다란 관 모양의 주머니잎 제일 윗부분이 뚜껑 역할을 하지요.
오레오필라는 그리스어로 '신을 사랑하는'이라는 뜻이에요.

▲자연에서는 미국의 앨라배마를 비롯해
몇몇 지역에서만 자라요.
▼봄에 커다란 노란색 꽃을 피우지요.

사라세니아 알라타 *Sarracenia alata*

'노랑나팔꽃'이라고도 해요.
주로 평평하고 낮은 곳에서 자라지요.
다른 식물은 자라지 못하는
영양분이 부족한 땅이나
탁 트이고 물기 많은 축축한 땅(습지)에서도 잘 자란다고 해요.

주머니잎이 붉은색을 띠기도 해요.

사라세니아 플라바 *Sarracenia flava*

기다란 관 모양의 주머니잎이 노란색을 띠어요.
잎 윗부분에 붉은색이거나 보라색 그물 무늬가 뚜렷해요.
이 무늬로 벌레를 끌어들이지요.
네 살 어린이 키만큼 자라기도 한대요.

사라세니아 류코필라 *Sarracenia leucophylla*

멸종 위기종

잎 위쪽으로 흰색 바탕에 붉은빛이 도는 자주색 그물 무늬가 있어요.
잎끝의 둥근 덮개는 가장자리가 물결 모양으로 구불거리지요.
꽃은 붉은색이며, 고개를 숙이면서 피어요.
'사라세니아' 중 가장 키가 크고 예뻐서 사람들이 함부로 캔다고 하네요.

▲지역에 따라 키가 다르며,
네 살 어린이 키만 한 것도 있어요.
▼잎끝의 둥근 덮개는
가장자리가 물결 모양이에요.

사라세니아 미노르 *Sarracenia minor*

사라세니아 식물 중에서 작은 편이에요.
물기가 많은 축축한 땅에서 쑥쑥 자라기도 하지요.
덮개 생김새가 모자 달린 후드티 같아요.
잎 위에 마치 흰색 물감으로 찍은 듯한 점들이 특징이에요.

빛이 비치는 흰색 점들에 이끌려
주머니잎에 들어온 곤충은
쉽게 빠져나가지 못해요.
노란색 꽃

고개 숙인 붉은색 꽃

사라세니아 푸푸레아 *Sarracenia purpurea*

푸푸레아는 '자주색'이라는 뜻이에요.
여느 사라세니아와는 달리 땅에 붙어서 자라지요.
항아리처럼 생긴 주머니잎 덮개 안쪽과 바깥쪽에 털이 있어요.
덮개가 곧추서 있어 주머니잎 안에 빗물이 스며들지요.
사는 곳에 따라 주머니잎 색이 달라요.

◀미국 뉴저지 북부에서 자라는 친구는 붉은빛을 띠어요.
▲뉴저지 남부에서 자라는 친구는 보랏빛을 띠고요.
▼주머니잎 안에 작은 벌레와 어린 동부도롱뇽이 빠졌어요.
3일에서 19일 만에 죽는 어린 도롱뇽에게서
곤충보다 영양분을 많이 얻을 수 있다지만,
어떻게 소화하는지는 알 수 없대요.

벌레잡이뱀풀 *Darlingtonia californica*

'달링토니아', '코브라나리'라고 불러요.
달링토니아는 식물학자의 이름이지요.
코브라나리는 잎 생김새가 뱀(코브라)과 비슷하고,
노란색에서 자줏빛을 띤 녹색까지 여러 색을 띤
아랫잎이 뱀의 혀처럼 갈라져서 붙인 이름이래요.

입구 위쪽에 마치 풍선처럼
부풀어 오른 덮개로 곤충을 끌어들여요.

꽃은 노란빛을 띤 보라색이며,
꽃받침이 꽃잎보다 더 길어요.

세팔로투스 폴리쿨라리스

Cephalotus follicularis

세팔로투스는 꽃밥 모양에 빗대어 '머리'라는 뜻이고,
폴리쿨라리스는 '작은 주머니'를 뜻해요.
호주 남서부에서 엎드려 자라는 작은 벌레잡이식물이지요.
빛이 강한 곳에서는 짙은 붉은색을 띠지만,
그늘진 곳에서는 녹색을 띠어요.

▲주머니잎의 도톰한 테두리에서
독이 있는 단물을 내보내
곤충을 끌어들여 먹이로 삼아요.
▼해안가의 비탈진 곳에 무리 지어서 자라고 있어요.

흰색 꽃

브로키니아 레덕타 *Brocchinia reducta*

간단하게 '브로키니아'라고도 해요.
브로키니아는 이탈리아 생물학자 이름이며, 레덕타는 '작다'라는 뜻이래요.
길쭉한 컵 모양으로 겹쳐진 잎에 물을 가두지요.
얇은 막으로 덮여 있는 매끄러운 잎은
자외선을 반사하여 식물을 보호해 줘요.

▲잎속에 고인 물이 달콤한 냄새를 풍겨
개미와 곤충을 끌어들이기도 해요.
▼20종의 브로키니아 중 하나인
브로키니아 타테이(*Brocchinia tatei*)예요.

벌레잡이제비꽃 *Pinguicula vulgaris*

핑기쿨라는 끈적이는 잎에 빗댄 '기름진'이라는 뜻이며,
불가리스는 '흔하다'라는 뜻이래요.
우리나라 북부의 높은 산을 비롯해 세계 여러 곳에서 자라지요.
제비꽃처럼 보라색이나 흰색 꽃을 피워요.

▲잎에 있는 분비샘에서 끈적한 액체를 내보내고 곤충을 소화하는 효소를 만들어요.
▼깔대기 모양의 꽃은 보라색 또는 흰색이에요.

핑기쿨라 에세리아나 *Pinguicula esseriana*

벌레잡이제비꽃 종류 중 하나예요.
에세리아나는 독일의 식물학자 이름에서 따왔지요.
잎에서 끈적한 액체를 내보내 곤충을 잡아요.
멕시코에서 자라지만 서리에 강하다고 해요.

핑기쿨라 라우에아나 *Pinguicula laueana*

라우에아나는 이 식물을 처음 발견한
독일의 식물학자 이름에서 따왔어요.
붉은색 꽃을 피우는 두 종의 벌레잡이제비꽃 중 하나이지요.
멕시코가 고향이에요.

끈적한 잎

큰꽃벌레잡이제비꽃 *Pinguicula grandiflora*

벌레잡이제비꽃 126종 중에서
아주 큰 꽃을 피워 붙인 이름이에요.
유럽의 일부 지역에서 자라지요.

핑기쿨라 플라니폴리아 *Pinguicula planifolia*

이름은 '납작한 잎'을 뜻해요.
꽃은 보라색이지만 때로 분홍색과 흰색을 띠기도 하지요.
끈적하고 납작한 잎이 햇빛을 받으면
짙은 붉은색에서 보라색으로 바뀌기도 한대요.

사진 출처: 국립생물자원관(원작자: 유태철)

통발 *Utricularia japonica*

물고기를 잡는 통발에 빗대어 붙인 이름이에요.
속이 빈 벌레잡이주머니에는 긴 털이 있어요.
물속 곤충이나 물벼룩 따위가 이 털을 건드리면
주머니 문이 열리면서 물과 함께 빨려 들어가지요.

사진 출처: 국립생물자원관(원작자: 유태철)

▲물 위로 올라온 꽃대 끝에서 노란색 꽃이 피지요.
▼통발 무리는 남극을 제외하고
거의 모든 곳에서 자라며, 약 223종이 있다고 해요.

“세상에는 많은 식물이 저마다 다른 날씨와 조건에 맞춰 살아가지요.
그 가운데 인간인 우리의 눈에 신기하게 보이는 식물이 있어요.
여러 가지 식물이 우리와 함께 살아가는 모습을 알아보아요.”

신기한 식물들을 소개해요~~

웰위치아 *Welwitschia mirabilis*

이 식물을 발견한 학자의 이름에서 따왔어요.
잎이 여러 장 있는 것처럼 보이지만 두 장이에요.
잎 두 장이 갈라지고 엉켜 있어 죽어 있는 식물처럼 보이지요.
이슬을 모아 뿌리에 전달하는 능력이 있어요.
아주 건조한 아프리카 사막에서 2천 년을 살아온 신비한 식물이지요.

▲(왼쪽) 잎 사이로 암꽃이 피었어요.
암꽃과 수꽃이 서로 다른 그루에서 피는 암수딴그루예요.
(오른쪽) 고깔 모양으로 핀 수꽃이에요.
▼잎 두 장이 갈라져 마치 여러 장의 잎처럼 보이지요.

팔리쿠레아 엘라타 *Palicourea elata*

멸종 위기종

'입술꽃'이라는 별명으로 더 유명해요.
꽃이나 꽃받침을 둘러싼 작은 꽃싸개(포엽)가
붉은색 입술처럼 보여요.
멕시코, 코스타리카, 에콰도르, 파나마, 콜롬비아의 더운 숲에서 자라지요.

▲붉은색 꽃싸개에서
별 모양의 흰색 꽃이 피었어요.

오리난초 *Caleana Major*

호주 동부와 남부에서 볼 수 있는 작은 난초예요.
꽃이 날아다니는 오리를 닮았어요.
이 꽃으로 수컷 파리를 끌어들여 꽃가루를 나르게 하지요.

원숭이를 닮은 꽃

원숭이난초 *Dracula Simia*

멸종 위기종

전 세계적으로 부르는 이름(학명)은 '드라큘라 시미아'예요.
꽃잎 양 끝이 드라큘라 이빨을 닮았고,
꽃은 원숭이처럼 보여 붙인 이름이지요.
계절과 상관없이 꽃이 피고 오렌지 향기가 난다고 해요.
에콰도르, 페루, 콜롬비아에서 자라요.

해오라비난초 *Pecteilis radiata*

한국의 멸종 위기종

흰색 꽃이 날개를 활짝 편 해오라비 같아요.
비둘기를 닮기도 해 '비둘기꽃'이라고도 하지요.
우리나라와 중국, 일본, 러시아에서 볼 수 있어요.
지금 우리나라에서는 사라질 위험에 놓여 있대요.

▼해오라비(백로의 옛말)가
날개를 활짝 펴고 날아가는 모습이에요.

오루키스 이탈리카 *Orchis Italica*

꽃의 생김새에 빗대어 '벌거벗은 남자 난초', '이탈리아 난초'라고 해요.
햇빛이 강하지 않고 영양분이 적은 땅에서도 잘 자라지요.
4월에 밝은 분홍색 꽃들이 빽빽하게 모여 피어요.
남서부와 남동부 유럽, 서아시아, 북아프리카에서 볼 수 있어요.

꽃은 보통 분홍색이지만
흰색, 보라색, 진한 분홍색을 띠기도 해요.

타카 칸트리에리 *Tacca chantrieri*

꽃이 검은색이고, 꽃이 달린 모습이 마치
박쥐가 무리 지어 매달린 것처럼 보여 '검은박쥐꽃'이라고도 해요.
'악마꽃', '고양이수염'으로도 불리지요.
동남아시아 지역에서 볼 수 있어요.

▲꽃싸개가 마치 고양이 수염처럼 길게 뻗었어요.
▼꽃 모양과 닮은 날여우박쥐 또는
과일박쥐라고도 하는 큰박쥐 무리예요.

불수감Buddha's hand

이름은 열매 모양이 '부처의 손을 닮은 감귤'이라는 뜻이에요.
향기가 좋고 진해서 요리에 쓰이기도 하지요.
생김새가 독특해서 많이 심어요.
남아시아나 동아시아가 고향이에요.

▼식물원에서 키우는 불수감

타이탄아룸 Titan arum / *Amorphophallus titanum*

꽃에서 동물이 썩는 듯한 고약한 냄새가 나요.
'시체꽃', '시체식물'이라는 별명이 있지요.
3년에서 7년에 한 번 피는 꽃은 이틀이 지나면 시들어요.
자연에서는 인도네시아 수마트라섬에서만 볼 수 있지요.
세상에서 가장 큰 꽃이에요.

▼고약한 냄새를 풍겨 곤충을 끌어들여서 꽃가루받이를 해요.

라플레시아 *Rafflesia arnoldii*

꽃을 피우는 식물 가운데 꽃잎이 가장 커요.
타이탄아룸과 마찬가지로 고약한 냄새를 풍겨
'시체꽃'이라는 별명이 있지요.
다른 식물의 줄기나 뿌리에 붙어 자라며,
줄기나 뿌리는 없고 꽃과 꽃봉오리만 있어요.

▲암꽃과 수꽃이 암수딴그루예요.
▼(왼쪽) 고약한 냄새와 아름다운 꽃 색으로 파리 같은 곤충을 끌어들여 꽃가루받이를 해요.
(오른쪽) 꽃이 피기 전의 짙은 갈색 꽃봉오리가 양배추를 닮았네요.

바다말미잘버섯 *Clathrus archeri*

생김새에 빗대어 '문어말뚝버섯', '마귀의 손가락'이라고도 해요.
고기 썩는 냄새를 풍겨서 파리를 끌어들이지요.
냄새가 고약해 요리에는 쓰이지 않아요.
전 세계에서 발견된다고 해요.

처음에는 달걀 모양을 띠다가
자라면서 껍질을 뚫고
붉은색 팔 4~7개가 뻗어 나와요.

피즙갈색깔대기버섯 *Hydnelllum peckii*

버섯에 붉은 액체가 맺혀 있어 '잇몸출혈버섯'이라고도 해요.
생김새가 독특해서 '크림딸기', '악마의 이빨', '붉은 주스' 등 별명이 많지요.
우리나라에서도 발견되며,
달콤한 냄새가 나지만 먹지는 않아요.

마치 피가 나는 것처럼
붉은 액체가 방울방울 맺혀 있다가
점점 갈색으로 바뀌지요.

멕시코손나무 *Chiranthodenron pentadactylon*

붉은색 꽃이 손을 펼친 듯이 피어나는 것에 빗대어
'다섯 손가락의 손꽃나무'라는 뜻이에요.
'키란토덴드론', '악마나무', '원숭이나무'라고도 하지요.
멕시코 남부와 과테말라에서 볼 수 있어요.

▲(왼쪽) 길고 구부러진 수술 다섯 개에 노란색 꽃가루가 묻어 있어요.
(오른쪽) 한가운데 약간 길이가 짧은 구부러진 암술 하나가 있고, 그 아래로 꿀샘이 보여요.

마리 Marri / *Corymbia calophylla*

나무에 상처를 내면 붉은색 액체가 나와 '피 흘리는 나무'라고도 해요.
붉은색의 액체는 '키노'라고 하지요.
키노는 식물이 해충의 피해를 입거나 껍질이 벗겨졌을 때
스스로를 보호하기 위해 내보내는 물질이라고 해요.

▲호주에서만 자라는 이 나무는
흰색이나 때때로 분홍색 꽃을 피워요.
▼열매는 항아리 모양을 닮았어요.

카카오나무(코코아나무)

Theobroma cacao

가지에 꽃이 피고 열매가 열리는 보통의 나무와 달리,
나무줄기에서 곧바로 꽃이 피고 열매가 열려요.
이와 비슷한 나무들도 제법 있어요.
열매와 씨앗은 초콜릿을 만드는 데 쓰이며 '카카오'라고 하지요.
아파트 3층에서 4층 높이까지 자라는 늘푸른나무예요.

▲열매의 흰색 살에 박혀 있는 씨앗으로 초콜릿을 만들어요.
▼나무줄기에서 작고 향기로운 꽃이 피어요.

▲줄기에서 바로 꽃이 피는
파보니아 스트릭티플로라(*Pavonia strictiflora*)
▼우담화(*Ficus racemosa*) 열매를
사자꼬리원숭이가 먹고 있네요.
불교에서는 3천 년 만에 꽃이 피는
'우담바라'라고 불리는 귀한 나무예요.

▲줄기에 열매가 달린
자보티카바나무(*Plinia cauliflora*)예요.
열매는 그냥 먹거나
잼이나 주스, 술을 만들기도 하지요.
▼줄기에 꽃이 피는
할레리아 루시다(*Halleria lucida*)는
남아프리카가 고향이며, 정원에서도 키워요.

그림 출처

11쪽 (아래) Noah Elhardt / https://en.wikipedia.org, CC BY-SA 2.5
12쪽 Jan Wieneke / https://en.wikipedia.org, CC BY-SA 3.0
13쪽 Denis Barthel / https://en.wikipedia.org, CC BY-SA 3.0
(동그라미) Denis Barthel / https://en.wikipedia.org, CC BY-SA 3.0
14쪽 Alan Rockefeller / https://en.wikipedia.org, CC BY-SA 4.0
17쪽 (위) Noah Elhardt / https://en.wikipedia.org, CC BY-SA 2.5
(아래 왼쪽) Rosťa Kracík / https://en.wikipedia.org, CC BY 3.0 CZ
18쪽 NoahElhardt / https://en.wikipedia.org, CC BY-SA 3.0
19쪽 (위 왼쪽) Michal Rubeš / https://en.wikipedia.org, CC BY-SA 3.0
(오른쪽) Michal Klajban / https://en.wikipedia.org, CC BY-SA 3.0
(아래) Tony Rebelo / https://en.wikipedia.org, CC BY-SA 4.0
20쪽 Vinayaraj / https://en.wikipedia.org, CC BY-SA 3.0
21쪽 (위) Sreejith rs / https://en.wikipedia.org, CC BY-SA 3.0
(아래) J.M.Garg / https://en.wikipedia.org, CC BY-SA 4.0
(동그라미) Own work / https://en.wikipedia.org, CC BY-SA 3.0
22쪽 Carsten Niehaus / https://en.wikipedia.org, CC BY-SA 3.0
(동그라미) Sylvain Bezy / https://en.wikipedia.org, CC BY-SA 4.0
23쪽 (아래) incidencematrix/ https://en.wikipedia.org, CC BY-2.0
25쪽 James & Jana Hans / https://en.wikipedia.org, CC BY-SA 3.0
26쪽 apes_abroad / https://en.wikipedia.org, CC BY-SA 2.0
27쪽 (아래 2컷) Gweltaz / https://en.wikipedia.org, CC BY-SA 2.0
28쪽 Diorit / https://en.wikipedia.org, CC BY-SA 3.0
29쪽 Shawn Mayes / https://en.wikipedia.org, CC BY-SA 3.0
(동그라미) ma_suska / https://en.wikipedia.org, CC BY-2.0
30쪽 François MEY / https://en.wikipedia.org, CC BY-3.0
33쪽 (위쪽 2컷) JeremiahsCPs / https://en.wikipedia.org, CC BY-SA 3.0
(아래쪽 2컷) Vincent Bazile / https://en.wikipedia.org, CC BY-SA 3.0
34쪽 Shawn Mayes / https://en.wikipedia.org, CC BY-SA 3.0
35쪽 (2컷) Alexey Yakovlev / https://en.wikipedia.org, CC BY-SA 4.0
36쪽 (2컷) Shawn Mayes / https://en.wikipedia.org, CC BY-SA 3.0
37쪽 (2컷) Thomas Gronemeyer / https://en.wikipedia.org, CC BY-SA 4.0
38쪽 JeremiahsCPs / https://en.wikipedia.org, CC BY-SA 3.0
39쪽 (위) JeremiahsCPs / https://en.wikipedia.org, CC BY-SA 3.0
(아래) Ch'ien Lee / https://en.wikipedia.org, CC BY 2.5
40쪽 (2컷) JeremiahsCPs / https://en.wikipedia.org, CC BY-SA 3.0
41쪽 (2컷) Thomas Gronemeyer / https://en.wikipedia.org, CC BY-SA 4.0
42쪽 (2컷) NepGrower~commonswiki / https://en.wikipedia.org, CC BY-SA 2.5
43쪽 JeremiahsCPs / https://en.wikipedia.org, CC BY-3.0
47쪽 (2컷) Dals093838 / https://en.wikipedia.org, CC BY-SA 4.0
48쪽 Noah Elhardt / https://en.wikipedia.org, CC BY-SA 2.5
50쪽 David A. Harrison / https://en.wikipedia.org, CC BY-SA 4.0
(동그라미) Noah Elhardt / https://en.wikipedia.org, CC BY-SA 3.0
51쪽 Mickaël Schauli / https://en.wikipedia.org, CC BY-SA 4.0
(동그라미 위) Patrick Coin / https://en.wikipedia.org, CC BY-SA 2.5
(동그라미 아래) Stephencdickson / https://en.wikipedia.org, CC BY-SA 4.0
52쪽 Xscd / https://en.wikipedia.org, CC BY-SA 3.0
53쪽 (위) Tentaculata / https://commons.wikimedia.org, CC0 1.0
(아래 왼쪽) Bigmacthealmanac / https://en.wikipedia.org, CC BY-SA 4.0
(아래 오른쪽) Rhododendrites / https://en.wikipedia.org, CC BY-SA 4.0
54쪽 Rhododendrites / https://en.wikipedia.org, CC BY-SA 4.0
55쪽 (2컷) Hectonichus / https://en.wikipedia.org, CC BY-SA 3.0
56쪽 Alex Karasoulos / https://en.wikipedia.org, CC BY 4.0
(동그라미) Sue Carnahan / https://en.wikipedia.org, CC BY 4.0
57쪽 (위) Caleb / https://en.wikipedia.org, Catto CC BY 4.0
(아래 왼쪽) Nichole Ouellette / https://en.wikipedia.org, CC BY-SA 4.0
(아래 오른쪽) Laura J. Costello / https://en.wikipedia.org, CC BY 4.0
59쪽 (동그라미) NoahElhardt / https://en.wikipedia.org, CC BY-SA 3.0
(동그라미 꽃) ALAN SCHMIERER / https://en.wikipedia.org, CC0 1.0
61쪽 (아래) Holger Hennern / https://en.wikipedia.org, CC BY-SA 3.0
(동그라미) J.Stonor / https://en.wikipedia.org, CC BY-SA 4.0
62쪽 Christian Hummert / https://en.wikipedia.org, CC BY-SA 2.0
63쪽 (위) BotBln / https://en.wikipedia.org, CC BY-SA 3.0
(아래) Adalberto Jose Perez Lopez / https://en.wikipedia.org, CC BY 2.0
64쪽 Nichole Ouellette / https://en.wikipedia.org, CC BY 4.0
65쪽 (위) Ryan Hodnett / https://en.wikipedia.org, CC BY-SA 4.0
(아래) Ivar Leidus / https://en.wikipedia.org, CC BY-SA 4.0
66쪽 H. Zell / https://en.wikipedia.org, CC BY-SA 3.0
67쪽 incidencematrix / https://en.wikipedia.org, CC BY 2.0
68쪽 Amada44 / https://en.wikipedia.org, CC BY 3.0
(동그라미) Raptor-kev / https://en.wikipedia.org, CC BY-SA 3.0
71쪽 (아래) Meneerke bloem / https://en.wikipedia.org, CC BY-SA 3.0
83쪽 (위 왼쪽) Orchi / https://en.wikipedia.org, CC BY-SA 3.0
(위 오른쪽) Fernando Losada Rodríguez / https://en.wikipedia.org, CC BY-SA 4.0
87쪽 (아래) Parisette / https://en.wikipedia.org, CC BY-SA 2.5
96쪽 Stan Shebs / https://en.wikipedia.org, CC BY-SA 3.0
97쪽 (위 2컷) Jared Dubberlin / https://en.wikipedia.org, CC BY-SA 4.0
(아래) Krzysztof Ziarnek, Kenraiz / https://en.wikipedia.org, CC BY-SA 4.0
98쪽 Hesperian / https://en.wikipedia.org, CC BY-SA 3.0
100쪽 Luisovalles / https://en.wikipedia.org, CC BY 3.0
101쪽 (아래) Vinayaraj / https://en.wikipedia.org, CC BY-SA 4.0
102쪽 (위) Franck Hidvégi / https://en.wikipedia.org, CC BY-SA 4.0
(아래) T. R. Shankar Raman / https://en.wikipedia.org, CC BY 3.0
103쪽 (위) Alexandre Campolina / https://en.wikipedia.org, CC BY 3.0

* 자유 이용 저작물과 셔터스톡(https://www.shutterstock.com)에서 구입한 그림은 따로 표기하지 않았습니다.